I0759597

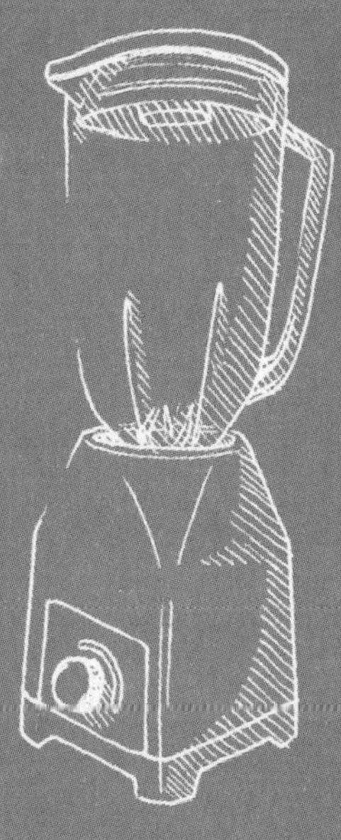

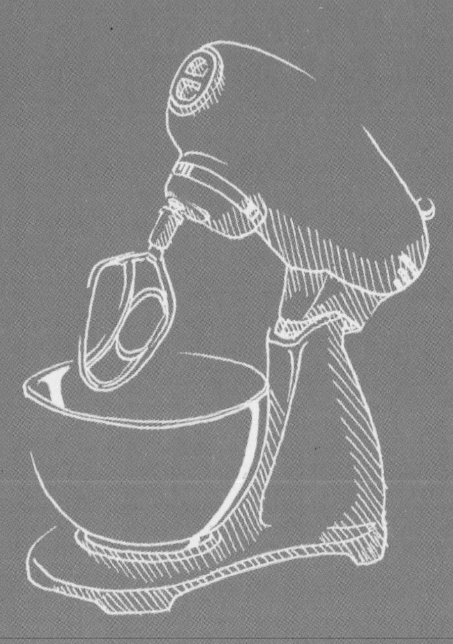

Cocina con
Paola

Cocina con Paola

40 recetas fáciles y deliciosas

Título original: *Cocina con Paola*
Primera edición: marzo de 2025

Carrera 7 # 75-51, piso 7, Bogotá, Colombia
PBX: (57) 601-743-0700

Diseño de cubierta y páginas interiores: Patricia Martínez Linares

Impreso en Colombia-*Printed in Colombia*

ISBN: 978-628-7634-74-9

Compuesto en Kazimir Text

Impreso por Editorial Nomos, S.A.

A mis amados hijos, Oliver y Leo.
Este libro es para ustedes, que son mi motor y mi mayor inspiración. Cada receta que aquí encontrarán lleva consigo un pedacito de mi amor y de las enseñanzas que me han brindado.
Gracias a ustedes me atreví a aprender a cocinar desde cero, y cada plato que he creado ha sido un reflejo de la alegría y el cariño que compartimos.
Ustedes me motivan a ser una mejor persona cada día, y espero que en cada bocado sientan el amor que he puesto en cada preparación.
Ganar MasterChef Celebrity *fue solo el comienzo de un viaje que quiero compartir con ustedes, porque en la cocina, como en la vida, el amor es la esencia que nos une.*

Para empezar

En cada rincón de nuestras cocinas se esconden historias que esperan ser contadas. Este libro de recetas no es solo una colección de ingredientes y pasos a seguir; es un recorrido a través de los sabores que me han acompañado a lo largo de mi viaje culinario. Cada plato que aquí encontrarás es un reflejo de momentos compartidos, de risas y de abrazos, de la calidez que solo la comida puede brindar.

Cocinar es un acto de amor. Es la forma en que expresamos nuestro cariño a quienes nos rodean, transformando simples ingredientes en recuerdos imborrables. Desde la primera vez que sostuviste una cuchara hasta las cenas familiares que se alargan hasta entrada la noche, cada receta es un hilo que teje la trama de nuestras vidas.

Te invito a sumergirte en estas páginas con el corazón abierto. Permítete experimentar la alegría de crear, de experimentar y de compartir. Cada receta ha sido seleccionada con esmero, no solo por su sabor, sino por la historia que lleva consigo. Todas son el resultado del estudio, la entrega y la dedicación, y todas tienen un lugar especial en nuestra mesa.

Así que, ya sea que estés buscando un plato reconfortante para un día gris o una delicia para celebrar un momento especial, espero que encuentres en este libro la inspiración que necesitas. Recuerda que la cocina es un espacio de libertad, donde cada error puede convertirse en una nueva creación y cada plato es una oportunidad para conectar con los demás.

¡Bienvenido a este viaje culinario! Que cada receta te inspire a cocinar con amor y a compartir con alegría.

Paola Rey

Recetas de sal

¡Bienvenido a un

mundo lleno

de sabor y creatividad!

En esta sección quiero invitarte a explorar la magia de las recetas de sal, donde cada plato se convierte en una oportunidad para consentir a quienes amas. Cocinar es un acto de amor, y a través de estas recetas espero que te inspires a salir de la rutina y te atrevas a experimentar con ingredientes que realzan el sabor de tus comidas.

He aprendido que la cocina no solo se trata de seguir instrucciones, sino de dejar volar la imaginación y poner un pedacito de tu corazón en cada preparación. Aquí encontrarás una variedad de recetas que van desde lo clásico hasta lo innovador, perfectas para sorprender a tus seres queridos en cualquier ocasión.

Así que, ¡prepárate para disfrutar de momentos especiales en la cocina! Espero que cada receta te motive a crear, a compartir y a celebrar el amor que se encuentra en cada bocado.

¡Manos a la obra y a cocinar algo delicioso!

LECHE DE COCO
ACEITE DE ACHIOTE

1. Encocado

Utensilios:

Sartén grande
Licuadora
Colador
Sartén mediana

Ingredientes:

250 gramos de camarón tigre
300 gramos de leche de coco
Aceite de achiote
1 cebolla morada
1 pimentón rojo
Pedazo pequeño de jengibre
1 diente de ajo grande
6 tomates
Zumo y ralladura de 1 limón
Hojas de albahaca
Sal
Pimienta

Aceite
Cilantro picado
Queso parmesano (opcional)

Preparación:

1. Cortar la cebolla morada en cuadros pequeños.
2. Cortar el pimentón en cuadros pequeños.
3. Cortar el jengibre en cuadros pequeños.
4. Picar finamente el diente de ajo.
5. Picar finamente las hojas de albahaca hasta completar una cucharada.
6. Quitarles la parte verde a los tomates y partirlos en cuatro. Quitarles el centro, incluyendo las semillas, partirlos en julianas y luego en cuadros.
7. Para preparar el aceite de achiote, mezclar 15 pepas de achiote y aceite en una sartén mediana y cocinar por 3 minutos, sin que se caliente mucho, y revolver hasta que el aceite tome un poco de color. Colar y desechar las pepas.

Cocción:

1. Agregar el aceite de achiote a la sartén y dejar calentar por 5 minutos.
2. Agregar la cebolla morada y el ajo y dejar cocinar a fuego bajo para que este suelte todo su aroma.
3. Añadir el pimentón, la sal y la pimienta. Revolver muy bien.

4. Adicionar el tomate y revolver. Dejar cocinar por 10 minutos, aproximadamente.
5. Agregar la mitad de la leche de coco y dejar reducir un poco.
6. Luego se añaden el resto de la leche de coco, el cilantro, la albahaca y la ralladura de limón y se deja cocinar por 5 minutos.
7. Licuar la pulpa de tomate y agregar a la mezcla. Cuando el jugo se integre, adicionar sal y pimienta.
8. Agregar el jengibre y dejar cocinar por 3 minutos más.
9. Agregar el zumo de limón y después los camarones crudos en orden, de manera tranquila, no todos al tiempo. Dejar cocinar por 5 minutos, revolviendo ocasionalmente.
10. Servir en plato hondo con un poco de cilantro picado y el queso parmesano si se desea.

2. Verduras calientes

Utensilio:

Olla o sartén mediana

Ingredientes:

1 zanahoria
2 pimentones
1 cebolla morada
1 zucchini
3 tomates
4 cucharadas de pasta de tomate
1 hoja de laurel
1 pizca de orégano seco (3 gramos)
Agua
Una pizca de azúcar
Sal al gusto
Pimienta al gusto
Aceite al gusto
Germinados o pensamientos (opcionales)

Preparación:

1. Pelar la zanahoria, cortarla en bastones y luego en cuadrados de 1 cm aproximadamente.
2. Cortar los pimentones en rectángulos grandes, quitándoles la punta de arriba y de abajo. Limpiar las

venas, emparejar los lados, y luego cortar en julianas (tiras largas y muy finas).

3. Partir la cebolla por la mitad. Quitarle la punta y la primera capa, y cortar en cuadritos pequeños.
4. Pelar el zucchini, quitarle el centro y cortarlo en bastones.
5. Quitarles la parte verde a los tomates y partirlos en cuatro. Quitarles el centro, incluyendo las semillas, partirlos en julianas y luego en cuadros.

Cocción:

1. Poner a calentar una olla o sartén honda y, cuando esté caliente, agregar un poco de aceite.
2. Adicionar la zanahoria y dejar dorar por unos minutos, hasta que tanto el aceite como la zanahoria se vean más amarillos.
3. Agregar la cebolla y dejar dorar por unos minutos.
4. Agregar los pimentones y dejar cocinar unos minutos.
5. Añadir el zucchini y dejar unos minutos más.
6. Agregar la pasta de tomate y revolver bien por 1 minuto.
7. Añadir los tomates, agregar una pizca de azúcar y revolver muy bien todo. Añadir agua hasta cubrir levemente las verduras. De inmediato se le adiciona una hoja de laurel, el orégano, la sal y la pimienta.
8. Dejar cocinar hasta que hierva.
9. Servir primero las verduras y luego el caldo.
10. Decorar con germinados verdes o pensamientos.

3. Salteado de lomo

Utensilio:

Sartén

Ingredientes:

1 cebolla morada
2 tomates
250 gramos de lomo o cadera de res
90 gramos de salsa soya
Sal al gusto
Pimienta al gusto
Aceite
Cilantro

Preparación:

1. Cortar la cebolla en cascos. Para esto, se corta por la mitad, a lo ancho, se le quitan las dos puntas y la cáscara superficial y se corta a lo largo, en cuatro pedazos.
2. Quitarles la parte verde a los tomates y cortarlos en cuatro cascos.
3. Cortar el lomo en tiras o cuadrados.

Cocción:

1. Poner a calentar una sartén a fuego alto.
2. Cuando esté caliente, agregar el aceite y cocinar el lomo por unos minutos, hasta que se dore un poco por todos los lados. Sacar de la sartén y reservar.
3. Sobre la sartén donde doramos la carne, poner la cebolla y dejar que dore un poco.
4. Luego, se adicionan los tomates y se dejan dorar.
5. Saltear el lomo en la sartén con la cebolla y el tomate y mezclar los ingredientes.
6. Añadir de inmediato la salsa de soya, sal y pimienta. Dejar dorar por 5 minutos.
7. Servir en un bol con cilantro picado finamente.

Nota: la sartén y el aceite deben estar lo más calientes posibles para que los ingredientes cojan el sabor ahumado tan característico de esta preparación.

4. Pollo en salsa de mango

Utensilios:

Sartén
Licuadora
Colador

Ingredientes:

- Aceite
- 3 dientes de ajo
- 10 gramos de jengibre
- 400 ml de caldo de pollo
- 1 mango maduro
- Ralladura de 3 limones
- Ralladura de 1 naranja
- 4 tallos de limonaria
- Jugo de ½ naranja
- Jugo de 1 limón
- 20 ml de salsa de pescado
- 4 tallos de albahaca (sin hojas)
- 4 tallos de cilantro (sin hojas)
- 6 ml de vinagre blanco
- 10 ml de salsa soya

Sal al gusto
Filetes de pechuga
Tomates cherry y papas *baby* (opcional para acompañar)

Preparación:

1. Cortar el mango en cuadritos.
2. Picar el jengibre en cuadritos pequeños.

Cocción:

Salsa

1. En una sartén caliente agregar un poco de aceite. Adicionar los ajos y el jengibre.
2. Agregar el caldo de pollo, el mango, la ralladura de 3 limones (solo la piel superficial, no la parte blanca), la ralladura de 1 naranja, los 4 tallos de limonaria activados (para hacerlo, se le dan golpes con el cuchillo por el lado que no tiene filo), y dejar reducir un poco.
3. Añadir el jugo de ½ naranja y el jugo de 1 limón.
4. Agregar la salsa de pescado, los 4 tallos de albahaca y los 4 tallos de cilantro.
5. Adicionar el vinagre blanco y la salsa de soya. Revolver muy bien y dejar reducir un poco.

6. Quitar los tallos (limonaria, albahaca y cilantro) y llevar todo lo que queda en la sartén a la licuadora. Licuar muy bien.
7. Colar la salsa y llevarla a una olla.
8. Rectificar la sal, ¡y listo!

Pollo

1. Agregarle sal al filete de pechuga y ponerlo a dorar en una sartén hasta que quede bien dorado por ambos lados.
2. Se puede cortar en diagonal, en pedazos grandes.
3. Poner la salsa de mango sobre el filete, para tener una presentación diferente.
4. Se podría acompañar con tomates cherry y papas *baby*.

5. Lentejas al estilo español

Utensilio:

Olla mediana

Ingredientes:

4 tomates
1/2 cebolla cabezona
1 diente de ajo
2 papas sabaneras medianas
500 gramos de lentejas
90 gramos de chorizo español
3 cucharadas de pasta de tomate
3 cucharadas grandes de queso crema
1/2 cucharada de peperoncino (2 gramos)
Aceite
Agua
Sal al gusto
Pimienta al gusto

Preparación:

1. Quitarles la parte verde, el centro y las semillas a los tomates. Dividirlos en cuatro, cortarlos en julianas y luego en cuadritos.
2. Cortar la cebolla en cuadritos pequeños.
3. Cortar el diente de ajo en cuadritos y espicharlo en la tabla con el cuchillo.
4. Cortar las papas en cuadritos, lo más parejo posible.
5. Cortar el chorizo en cubos o moneditas.

Cocción:

1. Agregar aceite a una olla mediana, todo el tiempo a fuego alto.
2. Adicionar el tomate junto con las lentejas. Revolver muy bien durante 3 minutos.
3. Agregar la cebolla y el ajo y seguir mezclando constantemente, por 3 minutos más.
4. Agregar las papas y revolver muy bien.
5. De inmediato añadir agua hasta cubrir bien las lentejas.
6. Mezclar y, sin esperar a que hierva, agregar una cucharada de queso crema, una cucharada de pasta de tomate, la sal y la pimienta.
7. Revolver sin parar hasta que hierva.
8. Cuando hierva, agregar el chorizo español y revolver muy bien.

9. Luego de 3 minutos ya se puede dejar de revolver tan seguido, porque la grasa del chorizo ayuda a que no se peguen las lentejas.
10. Rectificar la sal y el agua.
11. Añadir el resto del queso crema, la pasta de tomate y el peperoncino.
12. Seguir revolviendo, tapar y dejar hervir por 25 minutos a fuego alto.
13. Servir en un plato hondo.

Nota: revisar que no se sequen las lentejas. De ser necesario, se puede añadir un poco más de agua.

6. Pollo con champiñones

Utensilio:

Sartén o wok

Ingredientes:

350 gramos de pechuga de pollo
400 gramos de champiñón París
70 gramos de mantequilla
100 ml de aceite
200 ml de crema de leche
Pizca de laurel
Pizca de tomillo
Sal al gusto
1 diente de ajo
Perejil liso
Pimienta al gusto

Preparación:

1. Pelar los champiñones y cortarlos en láminas.
2. Picar finamente el ajo.
3. Picar finamente el perejil liso hasta completar una cucharadita.

Cocción:

1. Poner la pechuga de pollo completa en la sartén o el wok caliente y sellarla (es decir, dorar rápidamente por todos los lados).
2. En la misma sartén agregar la mantequilla y un poco de aceite para que no se queme.
3. Sacar la pechuga y cortarla en cubos de un centímetro de grueso, aproximadamente.
4. Poner los cubos de nuevo en la sartén y, cuando estén dorados, retirarlos y ponerlos en un recipiente.
5. En el mismo wok o sartén, agregar el ajo y una parte de los champiñones cortados en láminas.
6. Añadir la crema de leche y sazonar con sal y pimienta al gusto, la pizca de laurel y la pizca de tomillo.
7. Cuando la salsa tiene la textura de napar (es decir, cuando se impregna una cuchara en la salsa y al pasarle el dedo queda una línea), agregar el pollo, el resto de los champiñones y el perejil liso.
8. Ajustar el sabor final. Revisar la sal, la pimienta, el laurel y el tomillo.
9. Se puede acompañar con vegetales glaseados. Para hacerlos, se corta una zanahoria en bastones, un zucchini en bastones y una cebolla en rodajas. Cocinar en una sartén con agua, 40 gramos de azúcar y un poco de canela. Antes de servirlos agregarles un poco de sal, ¡y listo!

7. Sopa de ahuyama

Utensilios:

2 ollas
Licuadora

Ingredientes:

250 gramos de ahuyama
2 zanahorias
6 champiñones
Pizca de orégano
250 ml de crema de leche
Pizca de tomillo
Pizca de laurel
500 ml de agua o caldo de vegetales
1 trozo de jengibre
1 cebolla blanca
Queso siete cueros o mozzarella
Sal al gusto
Pimienta al gusto
Pan (opcional para acompañar)

Preparación:

1. Pelar la ahuyama y cortarla en trozos.
2. Cortar la zanahoria en rodajas.

3. Pelar los champiñones.
4. Cortar la cebolla de manera irregular.
5. Picar finamente el jengibre hasta completar una cucharadita.

Cocción:

1. En una olla para sopa poner a tatemar (quemar) la ahuyama a fuego alto. Cuando ya está tatemada, ponerla a cocinar en el caldo de verduras por 10 minutos, para que sea más fácil de licuar más adelante.
2. Agregar la zanahoria al agua con la ahuyama hasta que el centro de la zanahoria esté de color amarillo (aproximadamente 8 minutos).
3. Licuar la ahuyama y la zanahoria con el caldo de vegetales.
4. En otra olla, agregar un poco de aceite y poner a sofreír el jengibre, la cebolla y los champiñones. Una vez sofritos, agregar el orégano, el tomillo y el laurel y adicionar la mezcla ya licuada.
5. Licuar todo el contenido de la olla por 4 minutos. Devolverlo a la olla y dejarlo cocinar por 5 minutos más y agregar la crema de leche.
6. Agregar sal y pimienta al gusto y dejar cocinar por 5 minutos más.
7. Se puede acompañar con un pedazo de pan.

8. Papitas de mamá

Utensilios:

Bol mediano
Sartén mediana

Ingredientes:

5 papas R12
350 gramos de mantequilla
Sal al gusto
Pimienta al gusto
Paprika al gusto

Preparación:

1. Pelar las papas y cortarlas en cuadritos de aproximadamente ½ cm.

Cocción:

1. Poner los cubos de papa en agua con sal por 15 minutos aproximadamente.
2. En una sartén poner la mantequilla a derretir. Agregarle un poco de sal, pimienta y paprika.
3. Sacar las papas del agua, escurrirlas y secarlas.
4. Agregar las papas a la sartén a fuego medio.

5. Dejar que se doren bien. Esta cocción tiene una duración de 8 a 15 minutos; va a depender del fuego.
6. Sacarlas y, para servirlas, espolvorear un poco de paprika.

9. Sopa de cebolla

Utensilios:

Olla para sopa (rusa o *sauté*)
Plato hondo resistente al horno

Ingredientes:

10 cebollas cabezonas blancas
150 gramos de mantequilla
300 gramos de queso gruyer, doble crema o emmental
Sal al gusto
Pimienta al gusto
Pan baguette
50 gramos de harina
Pizca de tomillo
Pizca de laurel
Caldo de pollo o res o simplemente agua

Preparación:

1. Cortar la cebolla en rodajas finas.
2. Cortar el pan en rodajas.

Cocción:

1. Hacer un *roux*, que es la base de muchas salsas y cremas. Para esto, agregar 50 gramos de mantequilla a la olla y, poco a poco, añadir 50 gramos de harina y revolver. Esperar a que quede una masa pareja y lisa de color café, parecida al arequipe.
2. En esa misma olla poner 100 gramos de mantequilla, dejar que se derrita un poco y agregar las cebollas. Dejar que se cocinen a fuego bajo, revolviendo constantemente. Se les pueden agregar 3 cucharadas de agua cada 5 minutos para que suelten el azúcar y se vayan caramelizando, sin parar de revolver, hasta que tengan un color ámbar.

3. Seguir revolviendo y, cuando la cebolla esté cocinada, agregar el caldo de pollo o de res o el agua.
4. Añadir sal, pimienta, tomillo y laurel. Seguir revolviendo, dejar que hierva y que la cebolla quede bien cocinada. La textura tiene que quedar medio espesa.
5. Cuando esté lista, en un plato para sopa resistente al horno poner un poco del queso, agregar la cebolla y luego el caldo.
6. Cubrir la sopa con tajadas de pan baguette y agregar más queso rallado.
7. Llevar al horno durante 7 minutos, a 200 °C, para que gratine.

10. Pollo con jalapeños

Utensilios:

Olla alta
Licuadora

Ingredientes:

3 muslos de pollo
2 jalapeños
1 cebolla blanca
200 ml de crema de leche
100 ml de aceite
Sal al gusto
Pimienta al gusto
Cebollín
1 diente de ajo

Preparación:

1. Cortar la cebolla en cuadritos.
2. Cortar los jalapeños en trocitos.
3. Picar el cebollín.
4. Picar finamente el ajo.

Cocción:

1. Agregar el pollo a la sartén hasta que se dore muy bien por ambos lados. Sacar de la sartén y reservar.
2. En la misma sartén, a fuego medio, adicionar la cebolla, el ajo y los jalapeños y dejar sofreír un poco. Agregar la mitad de la crema de leche y el pollo reservado. Revolver de 5 a 9 minutos, dependiendo del fuego, hasta que se evapore un poco la crema.
3. Agregar el resto de la crema de leche y dejarla cocinar por 2 minutos.
4. Llevar toda la salsa a la licuadora, sin el pollo. Cuando esté licuada, volver a llevar a la olla.
5. Agregar sal y pimienta al gusto y dejar cocinando el pollo en esta salsa, a fuego bajo, de 25 a 30 minutos. Revolver constantemente.
6. Servir el pollo, bañarlo en salsa y agregar cebollín finamente picado.

Nota: si la salsa se seca mucho, se le puede agregar un chorrito de agua.

11. Puré de papa

Utensilios:

2 ollas medianas
Colador de metal

Ingredientes:

250 gramos de papa R12
50 ml de crema de leche
45 gramos de mantequilla
Sal al gusto
Pimienta al gusto
100 gramos de queso doble crema (opcional)

Preparación:

1. Pelar las papas y cortarlas en trozos.
2. Rallar el queso (si se va a usar).

Cocción:

1. Cocinar las papas en agua durante 20 minutos.
2. Cuando estén muy blanditas, pasarlas por un colador de metal para que el puré quede muy fino.
3. Aparte, calentar otra olla a fuego muy bajo (no puede estar tan caliente) y agregar la mantequilla. Cuando esté derretida, agregar las papas y revolverlas con fuerza hasta que se mezclen bien con la mantequilla.
4. Cuando estén bien integradas las papas y la mantequilla, adicionar la crema de leche. Mezclar bien y agregar sal y pimienta.
5. En ese momento se le puede agregar el queso, si se desea.

12. Pasta con vegetales

Utensilios:

Olla mediana
Sartén grande

Ingredientes:

200 gramos de pasta (puede ser cualquiera)
10 tomates cherry
1/2 cebolla roja o blanca
1/2 zucchini
Aceite de oliva al gusto
100 gramos de queso parmesano
5 hojas de albahaca fresca
Sal al gusto
Pimienta al gusto
1 diente de ajo
Tomillo

Preparación:

1. Cortar los tomates cherry por la mitad.
2. Picar la cebolla y el zucchini en cubos.
3. Picar finamente el ajo.
4. Picar finamente dos hojas de albahaca.

Cocción:

1. Cocinar la pasta en agua con sal hasta que quede al dente.
2. Dorar el ajo con el aceite de oliva. Agregar la cebolla, los tomates, el zucchini y el tomillo y dejar cocinar por 4 minutos.
3. Agregar la pasta con un poco de agua de su cocción y la albahaca finamente picada. Saborizar con sal, pimienta y queso parmesano.
4. Decorar con las hojas de albahaca restantes.

13. Pollo a la naranja

Utensilios:

Olla mediana
2 sartenes

Ingredientes:

230 gramos de mantequilla
2 dientes de ajo
2 cebollas cabezonas
3 ramas de tomillo
450 ml de zumo de naranja natural
1 hoja de laurel
1/2 rama de romero
Sal al gusto
Pimienta al gusto
Aceite
2 contramuslos grandes

Preparación:

1. Cortar las cebollas en cuadritos pequeños.

Cocción:

1. Poner en una olla el zumo de naranja, 180 gramos de mantequilla, los ajos, las cebollas, sal y pimien-

ta al gusto, el tomillo, el laurel y el romero, y dejar cocinar a fuego bajo. Reservar.

2. En una sartén aparte poner 50 gramos de mantequilla, un chorro pequeño de aceite, y poner a dorar el pollo. Bañarlo constantemente con cucharadas de la mantequilla que está en la sartén.
3. Una vez esté dorado por lado y lado, adicionar la salsa de naranja a la sartén donde está el pollo. Dejar a fuego bajo hasta que el pollo esté cocinado por completo.
4. Se puede acompañar con puré de papa. En el centro de un plato oscuro, poner con la cuchara el puré de papa de forma circular y a un lado el contramuslo, de tal forma que quede una parte sobre el puré y la otra sobre el plato. Bañar el pollo con abundante salsa y agregar un poco de esta sobre el puré.

14. Puré de berenjena con plátano maduro

Utensilios:

Licuadora
Colador de metal

Ingredientes:

1 berenjena
1/2 plátano muy maduro
1 diente de ajo
15 ml de miel
10 ml de zumo de limón
Sal al gusto

Preparación

1. Poner a tatemar (quemar) la berenjena y el plátano en la estufa, directamente en la llama del fogón.
2. Cuando ya estén bien quemados, cortar la berenjena en cuadros (con cáscara) y quitarle la cáscara al plátano. Meterlos juntos a la licuadora.
3. Licuar muy bien, adicionando el ajo, la sal, la miel y el zumo de limón.
4. Pasar por el colador y ¡listo!

15. Arroz caldoso de langostinos

Utensilios:

Olla pequeña
Olla mediana
Colador
Sartén honda

Ingredientes:

1 taza de arroz blanco
100 ml de vino blanco
500 ml de caldo de pescado
30 ml de salsa de pescado
100 ml de leche de coco
10 ml de zumo de limón
8 gramos de curry en polvo
Ralladura de 2 limones
2 dientes de ajo
2 tallos de limonaria
6 gramos de miel
1 rama de cilantro
Aceite
6 langostinos
Un trozo de jengibre del tamaño de un ajo

3 cucharadas de arvejas en lata
Chorrito de aceite de ajonjolí (opcional)
Sal al gusto

Preparación:

1. Cocinar el arroz de la manera tradicional y reservar.
2. Cortar el ajo y el jengibre en cuadritos.

Cocción:

Caldo

1. En una olla pequeña poner a reducir 100 ml de vino blanco.
2. En otra olla poner el caldo de pescado, la salsa de pescado, la leche de coco y el zumo de limón. Dejar reducir un poco.
3. Agregar a esta mezcla la reducción de vino blanco.
4. En una sartén poner el curry en polvo y dejar al calor por unos segundos, revolviendo constantemente. Agregar a la mezcla del caldo y el vino.
5. Adicionarle la ralladura de 1 limón (solo la parte verde).
6. Agregar los ajos machacados y los tallos de limonaria activada (para hacerlo se le dan golpes con el cuchillo por el lado que no tiene filo).
7. Agregar la miel y dejar cocinar y reducir un poco.
8. Colar bien. Llevar de nuevo a la olla y agregar sal al gusto.

Arroz caldoso

1. Añadir un poco de aceite a la sartén y dejar calentar.
2. Adicionar los dientes de ajo y el jengibre. Sofreír, agregar una parte del caldo y los langostinos. Dejarlos solo unos segundos y cuando ya tengan el color rosado, se voltean.
3. Agregar 150 gramos del arroz blanco previamente cocinado, las arvejas y la ralladura de 1 limón y un poco más de caldo. Revolver suavemente hasta que se integren los ingredientes y retirar de la estufa de inmediato.
4. Servir y agregar 2 pizcas de cilantro picado finamente.
5. Se puede agregar un chorrito de aceite de ajonjolí.
6. De ser necesario, después de servir se puede adicionar un poco más del caldo.

Nota: es importante no revolver demasiado el arroz para que no se desintegre.

AZÚCAR
AZÚCAR

AZÚCAR
AZÚCAR
AZÚCAR
AZÚCAR

Recetas de dulce

¡Bienvenido al rincón dulce de la cocina!

En esta sección quiero compartir contigo la alegría y el bienestar que los postres pueden traer a nuestras vidas. No hay nada como un delicioso bocado dulce para alegrar el día, mejorar el humor y crear momentos memorables.

Los dulces tienen un poder especial: nos transportan a recuerdos de la infancia, nos hacen sonreír y, lo más importante: nos invitan a compartir. Cada receta que encontrarás aquí está pensada para que puedas consentir a tus seres queridos, creando momentos de felicidad y conexión a través de la comida.

Desde clásicos reconfortantes hasta innovaciones que despiertan la curiosidad, estas recetas son una celebración del placer de cocinar y disfrutar. Así que, ¡prepárate para endulzar tu vida y las vidas de quienes amas! Espero que cada bocado te llene de alegría y que cada momento en la cocina se convierta en una experiencia inolvidable.

Las recetas en donde se necesita el accesorio de globo de la batidora también se pueden hacer con un batidor de globo de mano.

1. Pie de limón

Utensilios:

Batidora con globo y escudo
Bol
Licuadora de inmersión
Dos ollas pequeñas
Moldes de *pie*
Espátula
Manga plástica con boquilla
Soplete

Masa sucrée (masa de galleta)

Ingredientes:

115 gramos de mantequilla
115 gramos de azúcar
50 gramos de huevo (aproximadamente 1 huevo)
250 gramos de harina de trigo
5 gramos de sal

Cocción:

1. Agregar al bol de la batidora el azúcar y la mantequilla y mezclar con el escudo. Si la mantequilla está muy fría, ponerla 10 segundos en el microondas.
2. En un bol aparte mezclar la harina y la sal.
3. Cuando el azúcar y la mantequilla estén un poco uniformes, agregar el huevo.
4. Agregar la mezcla de harina y sal y batir despacio, para que la harina no salga volando, hasta que queden bien integrados todos los ingredientes.
5. Engrasar el molde de *pie* con mantequilla y después espolvorear harina para que no se pegue.
6. Aplanar la masa de galleta y ponerla en el molde, bordeándolo bien. Para que no se infle, hacerle a la masa algunas marcas suaves con un tenedor.
7. Hornear a 180 °C por 21 minutos o hasta que esté dorada.
8. Sacar y llevar al congelador.

Relleno de limón

Ingredientes:

100 gramos de zumo de limón
100 gramos de azúcar
40 gramos de yemas (aproximadamente 2 yemas)
100 gramos de huevos (aproximadamente 2 huevos)
150 gramos de mantequilla

3 gramos de gelatina sin sabor
15 ml de agua

Cocción:

1. Agregar a una olla pequeña el zumo de limón, el azúcar, las yemas, los huevos y la mantequilla a fuego bajo (máximo a 85 °C). Mezclar bien y remover constantemente, para evitar que se pegue. Dejar espesar un poco y después licuar bien. Dejar la mezcla en la licuadora.
2. Sacar el molde de *pie* del congelador.
3. Para hidratar la gelatina, se le agrega el agua y se revuelve bien. Cuando quede una pasta, llevar al microondas por 10 segundos o al baño maría para que se vuelva líquida.
4. Agregar la gelatina derretida a la licuadora en forma de hilo, licuar por 5 segundos y poner de inmediato sobre el molde.
5. Llevar al congelador por 15 minutos.

Merengue suizo

Ingredientes:

90 gramos de claras
180 gramos de azúcar
Ralladura de 1 limón

Cocción:

1. Poner las claras y el azúcar en el bol de la batidora al baño maría, sin que toque el agua caliente. Batir con la espátula hasta que ya no se sientan cristales de azúcar.
2. Retirar del fuego y poner en la batidora con el globo a velocidad media hasta llevar a punto de nieve, lo que significa que el merengue ya está listo.
3. Poner el merengue dentro de una manga con boquilla.
4. Sacar el postre del congelador y decorarlo con el merengue en suspiros. Después se doran los suspiros de merengue con un soplete y se termina con ralladura de limón.

Nota: si el merengue no sube, poner de nuevo durante 1 o 2 minutos al baño maria para calentar un poco y seguir batiendo.

Decoración

A medio limón cortado por la barriga –para que se vean los gajos– se le pone azúcar y se funde con el soplete. Después se pone más azúcar y se funde de nuevo con el soplete, y se repite por tercera vez. Se deja enfriar muy bien, se retira la capa de azúcar y se pone sobre el pie.

2. Brownie

Utensilios:

Bol
Sartén
Molde de brownies
Batidor de globo de mano o tenedor
Olla mediana
Colador de metal
Manga pastelera y boquilla (opcional para decorar)

Ingredientes:

100 gramos de mantequilla
100 gramos de chocolate semiamargo (70% cacao o similar)
100 gramos de huevos (aproximadamente 2 huevos)
120 gramos de azúcar
120 gramos de harina de trigo
Azúcar pulverizada o arequipe (opcional para la decoración)

Cocción:

1. Primero se hace un ganache de chocolate. Se pone el chocolate en un bol y se macera un poco para que quede más pequeño.
2. Derretir la mantequilla en una sartén y, cuando esté caliente, agregar el chocolate y mezclar con batidor de globo de mano.
3. Aparte, revolver los huevos y el azúcar con tenedor o batidor de globo de mano.
4. Añadir esta mezcla a la del chocolate, agregar la harina tamizada con el colador de metal y mezclar bien.
5. Engrasar un molde de brownies con mantequilla y enharinarlo.
6. Servir la masa en el molde y hornear por 17 minutos a 75 °C.
7. Al sacar del horno se puede agregar arequipe a la manga pastelera con boquilla para decorar o ponerles azúcar pulverizada por encima.

3. Cupcakes

Utensilios:

Batidora con globo y escudo
Lata para *cupcakes*
Capacillos de papel
Espátula de caucho
Mangas plásticas
Boquilla
Espátula de silicona

Masa

Ingredientes:

250 gramos de mantequilla
250 gramos de azúcar
250 gramos de huevo (aproximadamente 5 huevos)
250 gramos de harina de trigo
3 gramos de polvo hornear
3 gr de esencia de vainilla
Banano, chips de chocolate o frutos secos (opcionales)

Cocción:

1. Poner la mantequilla y el azúcar en la batidora con el escudo a velocidad media-baja.
2. Agregar uno a uno los huevos y la esencia de vainilla.
3. Alistar los moldes de *cupcakes* con los capacillos de papel.
4. Aparte, mezclar la harina y el polvo de hornear y agregar a la batidora. Aquí se pueden añadir los ingredientes opcionales si se desea.

Nota: estos ingredientes adicionales deben pesar máximo un 30% del peso de la harina para la receta completa. En este caso, como son 250 gramos de harina, se puede poner un máximo de 75 gramos del ingrediente adicional.

5. Cuando la masa esté lista, ponerla en la manga sin boquilla y servirla en los moldes.
6. Llevar al horno a 180 °C por 22 minutos hasta hacer la prueba del cuchillo (cuando se mete un cuchillo al centro de la torta y este sale limpio).

Crema de mantequilla

Ingredientes:

100 gramos de claras (aproximadamente 3.5 claras)
200 gramos de azúcar
300 gramos de mantequilla
80 gramos de saborizante (zumo de limón, expreso, crema de pistacho, entre otros)
1 gota de colorante

Cocción:

1. Poner las claras en el bol de la batidora al baño maría, sin que toque el agua caliente. Batir con la espátula hasta que ya no se sientan los cristales del azúcar.
2. Retirar del fuego y llevar a la batidora con el globo a velocidad media hasta llevar a punto de nieve, lo que significa que el merengue ya está listo.

3. Empezar a agregar la mantequilla por trozos pequeños al centro. Hacerlo con fuerza para que no se queden pegados en las paredes del bol.
4. Subir la velocidad de la batidora hasta que la mezcla quede homogénea y cremosa.
5. Agregar en una manga con boquilla y poner sobre los *cupcakes*.

4. Mousse de fruta

Utensilios:

Batidora con globo
Olla mediana
Moldes

Ingredientes:

250 gramos de pulpa de fruta
250 gramos de crema de leche
75 gramos de azúcar
20 gramos de gelatina sin sabor
100 gramos de agua

Cocción:

1. Poner en la batidora la pulpa, la crema de leche y el azúcar.
2. Para hidratar la gelatina, se le agrega el agua y se revuelve bien. Cuando quede una pasta, llevar al microondas por 10 segundos o al baño maría para que se vuelva líquida.

3. Agregar la gelatina en forma de hilo a la batidora y batir hasta que se integren bien todos los ingredientes.
4. Cuando la mezcla esté uniforme, poner en moldes y llevar a la nevera hasta que tome consistencia.

Nota: la pulpa debe estar a temperatura ambiente para que no queden grumos al mezclarla con la gelatina.

5. Torta tres leches

Utensilios:

Batidora con globo
Molde
Licuadora
Colador de metal
Espátula de silicona

Bizcochuelo

Ingredientes:

90 gramos de harina de trigo
90 gramos de azúcar blanca
3 huevos
5 gramos de fécula de maíz
3 gramos de esencia de vainilla
Un poco de mantequilla para engrasar

Cocción:

1. Agregar a la batidora los huevos enteros y el azúcar. Batir a velocidad media-alta y adicionar la esencia de vainilla.
2. Cuando la mezcla aumente su volumen y esté aireada a punto de letra, retirar el bol de la batidora.

3. Pesar la harina y la fécula de maíz y revolver muy bien. Con un colador, incorporar a la mezcla anterior e integrar muy bien con una espátula de silicona, de forma envolvente.

Nota: no revolver de más con la espátula para que no se le salga el aire a la mezcla.

4. Engrasar un molde con mantequilla y enharinarlo. Agregar la mezcla de batido y disponer muy bien en el molde, que quede pareja.

5. Hornear a 200 °C por 10 minutos o hasta hacer la prueba del cuchillo (cuando se mete un cuchillo al centro de la torta y este sale limpio).
6. Retirar del horno y, con ayuda de un palillo, pinchar por todos los lados para que se enfríe y pueda absorber el líquido.

Remojo

Utensilios:

Batidor de globo manual
Licuadora (opcional)
Papel film

Ingredientes:

200 gramos de crema de leche
200 gramos de leche condensada
200 gramos de leche entera
20 gramos de leche en polvo
Ralladura de 1 limón

Cocción:

1. Batir todos los ingredientes. Si quedan grumos por la leche en polvo, se puede licuar por unos segundos. Reservar.

2. Desmoldar la torta y forrar el molde con papel film. Volver a poner la torta en el molde.
3. Adicionar el batido de leches poco a poco encima de la torta, de forma uniforme. Reservar en la nevera por unos minutos.

Ensamble

Desmoldar la torta y, si se quiere, se puede decorar con crema chantillí.

6. Panna cotta

Utensilios:

Batidor de globo de mano
Olla mediana
Molde siliconado con la forma deseada

Ingredientes:

250 gramos de crema de leche
75 gramos de azúcar
10 gramos de gelatina sin sabor
50 gramos de agua
1-2 gramos de esencia de vainilla
Ingredientes opcionales para infusionar: vainilla en vaina, menta, albahaca...
Colorante

Cocción:

1. En una olla, calentar la mitad de la crema de leche e infusionar con los ingredientes deseados (también se puede usar la esencia ya lista).
2. Para hidratar la gelatina, se le agrega el agua y se revuelve bien. Cuando quede una pasta, llevar al microondas por 10 segundos o al baño maría para que se vuelva líquida.

3. Agregar la gelatina tibia a la mezcla en forma de hilo, sin parar de revolver.
4. Mezclar lentamente la crema de leche caliente con la crema de leche fría con un batidor de globo de mano, poniendo la caliente sobre la fría.
5. Llevar a moldes siliconados y al congelador, para que enfríen más rápido.
6. Se puede acompañar con un *coulis* de fruta.

7. Mousse de uchuva y cilantro

Utensilios:

Licuadora
Colador de metal
Batidora con globo
Bol
Moldes
Papel film

Almíbar de cilantro

Ingredientes:

50 gramos de cilantro
500 ml de agua
200 gramos de azúcar

Cocción:

1. Calentar todos los ingredientes a fuego medio-bajo hasta que el azúcar se diluya, sin dejar hervir. Apagar y reservar.

Mousse

Ingredientes:

200 gramos de uchuva
100 gramos de almíbar de cilantro
16 gramos de cilantro en rama (el que está en el almíbar)
100 ml de crema de leche
6 gramos de gelatina sin sabor
30 gramos de agua

Cocción:

1. Licuar la uchuva, el almíbar de cilantro y el cilantro y tamizar. Reservar 200 gramos de esta preparación.
2. Batir la crema de leche para que se airee y agregar a la mezcla anterior.

Nota: lo ideal es que la crema de leche esté fría antes de batirla.

3. Para hidratar la gelatina, se le agrega el agua y se revuelve bien. Cuando quede una pasta, llevar al microondas por 10 segundos o al baño maría para que se vuelva líquida.
4. Cuando la gelatina hidratada esté un poco fría, añadirle un poco de la mezcla de uchuvas y crema de leche y mezclar muy bien para que no se formen grumos. Después, agregar al resto de la mezcla.
5. Cubrir con papel film y llevar a la nevera hasta que esté firme.

8. Coulis de mora

Utensilios:

Olla mediana
Colador de metal
Papel film
Licuadora (puede ser de mano)

Ingredientes:

250 gramos de mora
100 gramos de azúcar
Zumo de medio limón

Preparación:

1. Retirar la parte verde de las moras.

Cocción:

1. Agregar la mora, el azúcar y el zumo de limón a una olla y llevar al fuego hasta que se cocine la fruta.

Nota: si está muy seca, se le puede agregar un poco de agua.

2. Llevar esta preparación a la licuadora y después pasarla por un colador.
3. Esta salsa se puede preparar con varias frutas y sirve para usarla en muchas recetas.

Nota: si no se va a usar el coulis de inmediato, se puede cubrir con papel film y llevar al refrigerador.

9. Peras al vino

Utensilios:

Olla mediana
Papel de horno o tapete de silicona
Sartén
Bol
Cuchara pequeña

Peras

Ingredientes:

3 peras semimaduras
320 ml de vino
320 ml de agua
100 gramos de azúcar
1 astilla de canela
2 clavos de olor

Preparación:

1. Cortar la base de las peras, pelarlas y, por debajo, sacarles el centro (el corazón) y abrirles un hueco por dentro. Con una cuchara pequeña se le puede terminar de dar forma para que quede redondo.

Cocción:

1. Poner las peras a cocinar con el agua, el vino, la canela y los clavos.
2. Dejar cocinar aproximadamente por una hora a fuego medio.

Nota: dejar enfriar las peras dentro de la olla para que cojan más sabor.

Relleno

Ingredientes:

- 100 gramos de queso crema
- 30 gramos de azúcar
- 50 gramos de crema de leche
- 30 gramos de queso azul
- 2 gramos de sal
- 50 gramos de nueces (pecan, Nogal, Brasil)

Preparación:

1. Triturar las nueces.

Cocción:

1. Mezclar en un bol el queso crema, la crema de leche, el queso azul, el azúcar, la sal y las nueces.
2. Cuando las peras estén frías, rellenarlas con una cuchara pequeña.

Nota: también se pueden rellenar con helado de vainilla.

Crocante de miel

50 gramos de harina de trigo
50 gramos de miel
50 gramos de mantequilla
50 gramos de azúcar

Cocción:

1. En una sartén poner la harina, la miel, la mantequilla y el azúcar y dejar cocinar.
2. Cuando todo esté bien mezclado, sacar a un bol y llevar a la nevera.
3. Cuando la mezcla esté fría, hacer un gusanito, poner en papel de horno o tapete de silicona y llevar al horno a 170 °C por 8 minutos o hasta que esté colorado.
4. Sacarlo y darle forma de inmediato con el mango de un utensilio de cocina.
5. Decorar las peras con el crocante por encima.

Nota: se le debe dar la forma muy rápido, antes de que se enfríe.

10. Torta de zanahoria

Utensilios:

Rallador
Espátula de silicona
Bol
Molde
Batidora con globo

Ingredientes:

30 gramos de harina de trigo
30 gramos de zanahoria
300 ml de aceite vegetal
150 gramos de huevo (3 unidades aproximadamente)
300 gramos de azúcar blanca
1 pizca de bicarbonato
1 cucharadita de polvo de hornear
1/2 cucharadita de sal refinada
1/2 cucharadita de canela en polvo
1/2 cucharadita de esencia de vainilla
100 gramos de nuez del Brasil
Un poco de mantequilla para engrasar

Preparación:

1. Rallar la zanahoria por la parte gruesa y reservar.
2. Triturar la nuez del Brasil.

Cocción:

1. Agregar a la batidora los huevos enteros y el azúcar y batir a velocidad media-alta.
2. Cuando la mezcla aumente su volumen y esté aireada a punto de letra, retirar el bol de la batidora.
3. En un bol mezclar los ingredientes secos (la harina, el bicarbonato, el polvo de hornear, la sal, la canela, la nuez del Brasil).
4. Mezclar el batido de huevos con los ingredientes secos con la espátula, de forma envolvente.
5. Agregar la zanahoria y el aceite vegetal. Perfumar con esencia de vainilla y mezclar hasta incorporar todos los ingredientes.
6. Engrasar un molde con mantequilla y enharinarlo. Agregar la mezcla.
7. Hornear a 180 °C por 40 minutos o hasta hacer la prueba del cuchillo (cuando se mete un cuchillo al centro de la torta y este sale limpio).

Frosting

Ingredientes

- 200 gramos de queso crema
- 75 gramos de mantequilla
- 100 gramos de azúcar glas
- Ralladura de 2 limones

Preparación

1. En un bol se ponen la mantequilla a temperatura ambiente y el queso crema.
2. Batir y añadir poco a poco el azúcar glas hasta tener una crema.
3. Cubrir la torta de zanahoria por completo con la cobertura. O, si se prefiere, se puede cubrir solo la parte de arriba de la torta.

11. Budín inglés de frutas

Utensilios:

Batidora con escudo
Colador de metal
Espátula de silicona
Molde de budín

Ingredientes:

225 gramos de harina de trigo
250 gramos de mantequilla
250 gramos de azúcar
150 gramos de huevo (3 huevos aproximadamente)
150 gramos de leche entera
5 gramos de polvo de hornear
10 gramos de ralladura de naranja
5 gramos de esencia de vainilla
25 gramos de fécula de maíz
50 gramos de glucosa
100 gramos de arándanos
100 gramos de frambuesas
100 gramos de naranjas

Preparación:

1. Lavar y secar muy bien los arándanos y las frambuesas.

Cocción:

1. Agregar a la batidora la mantequilla y el azúcar y batir a velocidad media-alta.
2. Cuando la mezcla esté homogénea y aireada, adicionar los huevos uno a uno. Perfumar con la esencia de vainilla y agregar la ralladura de naranja. Seguir batiendo a velocidad media.
3. Tamizar con el colador el polvo de hornear, la harina de trigo y la fécula de maíz e incorporarlos a la mezcla anterior, hasta que quede homogénea.

4. Agregar la leche para obtener textura cremosa. Debe quedar una mezcla espesa y pegajosa.
5. Derretir la glucosa y adicionarla a la mezcla.
6. Pasar las frambuesas y los arándanos por un poco de harina de trigo y añadirlas a la mezcla. Mezclar con ayuda de una espátula de silicona, de manera envolvente.
7. Engrasar un molde con mantequilla y enharinarlo. Agregar la mezcla y llenar hasta la mitad.
8. Hornear a 170 °C por 35-40 minutos o hasta que el cuchillo salga seco después de pinchar la masa.
9. Dejar enfriar y desmoldar.
10. Cortar las naranjas en rodajas muy delgadas, partirlas en cuatro y ponerlas encima del budín como se ve en la imagen de la página anterior.

12. Torta de chocolate

Utensilios:

Bol
Batidora con globo
Colador de metal
Molde

Ingredientes:

250 gramos de harina de trigo
350 gramos de azúcar
80 gramos de cacao
3 gramos de polvo de hornear
5 gramos de sal
3 huevos
200 ml de leche entera
200 ml de crema de leche
240 ml de aceite neutro
Unas gotas de esencia de vainilla

Cocción:

1. En un bol mezclar la harina, el cacao, el polvo de hornear y la sal hasta integrar bien.

2. En el bol de la batidora, mezclar el azúcar, los huevos, la leche, la crema de leche, la esencia de vainilla y el aceite, y batir con globo en velocidad baja.
3. Una vez estén integrados los ingredientes anteriores, tamizar la mezcla de los secos (paso 1) y adicionarla lentamente a la batidora.
4. Engrasar un molde con mantequilla y enharinarlo. Verter la mezcla.
5. Hornear a 180 °C por 25 minutos aproximadamente o hasta hacer la prueba del cuchillo (cuando se mete un cuchillo al centro de la torta y este sale limpio).
6. Se puede cubrir con arequipe, cobertura de chocolate negro o blanco o servirla sola.

13. Arroz con leche con café

Utensilios:

Olla grande

Ingredientes:

1 taza de arroz
2 tazas de agua
2 astillas de canela
1 litro de leche
2 conchas de limón
1 pizca de sal
2 cucharadas de azúcar
200 ml de crema de leche
2 cucharadas de leche en polvo
1-2 gotas de esencia de vainilla
100 gramos de arequipe
1/2 taza de café
Uvas pasas o galletas opcionales

Preparación:

1. Separar la pulpa de los limones y dejar solo las conchas.
2. Preparar el café.

Cocción:

1. Lavar el arroz y llevarlo a fuego medio-alto con agua y canela.
2. Cuando esté listo, retirar la canela, agregar la leche, las conchas de limón y una pizca de sal.
3. Agregar el azúcar y retirar las conchas de limón.
4. Añadir la crema de leche y revolver.
5. Agregar la leche en polvo y revolver.
6. Añadir la esencia de vainilla y el arequipe.
7. Adicionar media taza de café y dejar reducir hasta que quede espeso.
8. Se puede servir con uvas pasas o galletas.

14. Mousse de chocolate

Utensilios:

Batidora con globo
Espátula de silicona
Olla mediana
Molde plano y bajo
Papel film

Ingredientes:

410 ml de crema de leche
60-80 gramos de chocolate blanco
80 gramos de chocolate negro al 70%
10 gramos de gelatina sin sabor
50 ml de agua

Cocción:

1. Batir 290 ml de crema de leche con el globo a velocidad media por 3 minutos y llevar a la nevera.
2. Calentar 120 ml de crema de leche en una olla y, antes de que hierva, sacar la olla del fuego y agregar los dos chocolates. Revolver muy bien con la espátula hasta que se disuelvan por completo.
3. Traer la crema de leche que estaba en la nevera y revolver con los chocolates.

4. Para hidratar la gelatina, se le agrega el agua y se revuelve bien. Cuando quede una pasta, llevar al microondas por 10 segundos o al baño maría para que se vuelva líquida.
5. Agregar lentamente la gelatina hidratada a la mezcla en forma de hilo.
6. Servir el *mousse* en el molde y cubrir con papel film. Llevar a la nevera hasta que esté firme.

15. Profiteroles

Utensilios:

Olla
Batidora con escudo
Manga pastelera
Boquilla
Tapete de silicona

Masa

Ingredientes:

450 gramos de agua
260 gramos de mantequilla
22 gramos de sal
22 gramos de azúcar
315 gramos de harina de trigo
7 huevos

Cocción:

1. En una olla poner el agua, la mantequilla, la sal y el azúcar y llevar a hervor. Agregar la harina de golpe y mezclar bien mientras se cocina por 3 minutos, revolviendo constantemente sin dejar quemar la preparación.

2. Retirar del fuego y dejar entibiar en el bol de la batidora mientras se bate con el escudo para ayudar a bajar la temperatura más rápido.
3. Cuando la masa esté tibia, agregar los huevos uno por uno y seguir batiendo con el escudo hasta obtener una mezcla homogénea.
4. Pasar a una manga pastelera con boquilla y formar las repollitas sobre el tapete de silicona, dejando espacio entre ellas para que no se peguen, pues crecen más o menos el doble de su tamaño.
5. Hornear a 200 °C por 25 minutos o hasta que se vean bien doradas.

Crema pastelera

Utensilios:

Olla
Batidora con globo
Batidor de globo de mano
Papel film
Manga
Boquilla

Ingredientes:

750 gramos de leche
150 gramos de azúcar
75 gramos de maicena

3 huevos
75 gramos de mantequilla
150 gramos de saborizante (hierbas aromáticas, vainilla vegetal, esencia de vainilla, chocolate, pulpa de fruta) (opcional)

Cocción:

1. Calentar en una olla la leche con el saborizante (en caso de usarlo) hasta que rompa hervor.
2. Mezclar en el bol de la batidora el azúcar, la maicena y los huevos.
3. Agregar con suavidad la leche caliente a la mezcla anterior mientras se bate con el globo (también puede ser con batidor de mano).
4. Regresar toda la mezcla a la olla donde se calentó la leche y mover permanentemente con batidor de globo de mano hasta que hierva en el borde de la olla y se espese, que se vean grumos.
5. Retirar del fuego, agregar la mantequilla y mezclar bien con el batidor.
6. Cubrir con papel film en contacto y enfriar en el congelador para que sea más rápido, revolviendo de vez en cuando para que se enfríe de forma pareja.
7. Rellenar con esta mezcla los profiteroles haciendo un hueco por debajo con la ayuda de una manga con boquilla.

Sobre la crema pastelera

Esta crema sirve muy bien para rellenos. Además de los profiteroles se puede poner entre capas de bizcocho o para rellenar éclairs, entre otros. Si se va a usar como decoración exterior, es recomendable volverla muselina para que quede más estable. Para esto, se debe enfriar muy bien la crema pastelera y luego poner mantequilla en trozos hasta que se vea cremosa. En promedio, para esta receta se necesitan 400 gramos de mantequilla.

AZÚCAR
LECHE
Leche en polvo
LECHE
AZÚCAR
LECHE
Leche en polvo
AZÚCAR

AZÚCAR
Leche en polvo
LECHE
AZÚCAR
Leche en polvo
LECHE

LECHE
Recetas
de
panadería

¡Bienvenido al delicioso mundo de la panadería!

Hay algo mágico en el aroma del pan recién horneado que llena nuestros hogares y corazones. Los productos de panadería no solo son un placer para el paladar, sino que también evocan recuerdos entrañables y momentos compartidos. Desde el crujido de una corteza dorada hasta la suavidad de un bollo esponjoso, cada bocado nos transporta a la calidez de la cocina familiar.

La razón por la que a tantas personas les encanta disfrutar de los productos de panadería es simple: son reconfortantes, versátiles y, sobre todo, están llenos de amor. Hornear en casa no solo nos permite disfrutar de sabores frescos y auténticos, sino que también nos brinda la oportunidad de involucrar a toda la familia en el proceso. Cocinar juntos fomenta la creatividad, la colaboración y, por supuesto, ¡la diversión!

En esta sección encontrarás recetas de panes clásicos y amasijos colombianos irresistibles. Cada una de ellas está diseñada para que puedas experimentar la alegría de hacer pan en casa, mientras creas momentos especiales con tus seres queridos. Así que, ¡prepárate para ensuciarte las manos, reír y disfrutar de la satisfacción de hornear algo delicioso!

Espero que estas recetas te inspiren a llenar tu hogar de aromas increíbles y a compartir el amor por la panadería con quienes más quieres.

¡Vamos a hornear juntos!

1. Pan baguette

Utensilios:

Batidora con gancho
Aspersor con agua
Cuchilla de bisturí
Paño húmedo
Bandeja para horno
Tapete de silicona

Ingredientes:

500 gramos de harina de trigo
15 gramos de levadura seca
20 gramos de sal
310 gramos de agua

Cocción:

1. Mezclar la harina con la sal en el bol de la batidora con el gancho puesto.
2. Diluir la levadura en el agua tibia.
3. Agregar el agua con la levadura sobre la harina.

4. Dejar amasar durante 14 minutos.
5. Retirar el bol de la máquina y dejar reposar con un paño húmedo encima hasta que la masa duplique su tamaño.
6. Dividir la masa en dos y dar forma de vara.
7. Volver a tapar con un paño húmedo hasta que las masas dupliquen su tamaño.
8. Realizar tres cortes con una cuchilla, en diagonal.
9. Montar en bandeja de horno con tapete de silicona y hornear a 200 °C por 25 minutos.
10. Durante los primeros 5 minutos, hacer aspersiones de agua para generar vapor dentro del horno.
11. Dejar dorar el resto del tiempo.

2. Pandebono

Utensilios:

Rallador
Bandeja para horno
Tapete de silicona

Ingredientes:

250 gramos de queso costeño
120 gramos de leche entera
30 gramos de azúcar blanca
35 gramos de harina de maíz precocida
150 gramos de almidón de yuca
1 bocadillo veleño (opcional)

Preparación:

1. Rallar el queso por la parte más fina del rallador.

Cocción:

1. Mezclar el queso rallado con el azúcar.
2. Agregarle a la mezcla anterior la harina de maíz y el almidón de yuca y mezclar hasta que todos los ingredientes estén integrados.

3. Añadir la leche poco a poco, hasta alcanzar la consistencia deseada, y amasar hasta que todos los ingredientes estén muy bien incorporados. Debe quedar con textura de plastilina, es decir, que no se pegue ni en las manos ni en la mesa.
4. Armar bolitas de 50 gramos, y si se quiere rellenar con bocadillo, poner un cubito en el centro.
5. Montar en bandeja de horno con tapete de silicona y hornear a 220 °C por 25 minutos o hasta que queden dorados.

Nota: se recomienda cocción al horno en seco, sin ventilación.

3. Pan de maíz

Utensilios:

Batidora con gancho
Bandeja para horno
Tapete de silicona
Paño húmedo

Ingredientes:

400 gramos de harina de trigo
100 gramos de harina de maíz
200 gramos de agua
25 gramos de levadura seca
100 gramos de mantequilla
50 gramos de huevo (aproximadamente 1 huevo)
10 gramos de sal
60 gramos de azúcar blanca
100 gramos de queso campesino
100 gramos de miga de pan
Cantidad necesaria de huevo batido

Preparación:

1. Cortar el queso campesino en cubos pequeños.

Cocción:

1. Pesar todos los ingredientes y colocarlos en la batidora con el gancho.
2. Mezclar integrando en la primera velocidad para evitar que se pierdan las cantidades.
3. Después, subir a segunda y tercera velocidad.
4. Cortar las piezas y armar bolitas de 60 gramos cada una.
5. Rellenar con queso campesino.
6. Pintar con el huevo batido y pasar por miga de pan por una sola cara.
7. Cubrir con un paño húmedo hasta que dupliquen su volumen.
8. Montar en bandeja de horno con tapete de silicona.
9. Hornear a 220° C por 15 minutos o hasta que queden dorados.

4. Almojábana

Utensilios:

Rallador
Bandeja para horno
Tapete de silicona

Ingredientes:

300 gramos de queso campesino
15 gramos de fécula de maíz
30 gramos de almidón de yuca
15 gramos de azúcar blanca
25 gramos de huevo (aproximadamente ½ huevo)
3 gramos de polvo de hornear
10 gramos de harina de maíz
25 gramos de leche entera
Cantidad necesaria de leche en polvo

Preparación:

1. Rallar el queso campesino por el lado más fino del rallador.

Cocción:

1. Mezclar todos los ingredientes menos la leche hasta obtener una masa homogénea.
2. Agregar la leche.
3. Cortar piezas de 70 gramos y darles forma redonda. Montar en bandeja de horno con tapete de silicona.
4. Hornear a 220° C por 25 minutos o hasta que estén doradas y cocidas.

5. Pan de yuca

Utensilios:

Rallador
Bandeja de horno
Tapete de silicona

Ingredientes:

200 gramos de queso costeño
200 gramos de almidón de yuca
50 gramos de huevo (aproximadamente 1 huevo)
Cantidad necesaria de agua

Preparación:

1. Rallar el queso costeño por la parte más fina del rallador.

Cocción:

1. Mezclar todos los ingredientes hasta que estén bien integrados.
2. En caso de que la masa esté muy seca, incorporar un poco de agua hasta que quede una mezcla homogénea.

3. Cortar y pesar piezas de 70 gramos. Hacer figuras de medialuna y montar en bandeja de horno con tapete de silicona.
4. Hornear a 220° C por 35 minutos o hasta que queden dorados.

Salsas

¡Bienvenido a
este delicioso
viaje culinario!

En estas páginas nos adentraremos en el fascinante mundo de las salsas, esos acompañamientos mágicos que transforman un plato común en una experiencia gastronómica extraordinaria.

Aprender a hacer salsas es una habilidad fundamental en la cocina, ya que son el alma de muchos platillos. No solo añaden sabor, sino que también aportan textura, color y aroma, elevando cada bocado a nuevas alturas. Desde una mayonesa hasta una salsa napolitana, cada receta que te comparto está diseñada para resaltar los ingredientes y hacer que tus comidas sean memorables.

Las salsas son versátiles y pueden adaptarse a cualquier tipo de cocina, ya sea que estés preparando un plato clásico o experimentando con nuevas combinaciones. Además, dominar el arte de las salsas te permitirá personalizar tus comidas, dándoles un toque único que refleje tu estilo y creatividad.

Así que, ¡prepárate para dejar volar tu imaginación! Con cada receta descubrirás no solo cómo hacer salsas deliciosas, sino también cómo utilizarlas para realzar tus platos favoritos.

¡Vamos a disfrutar de la magia de las salsas juntos!

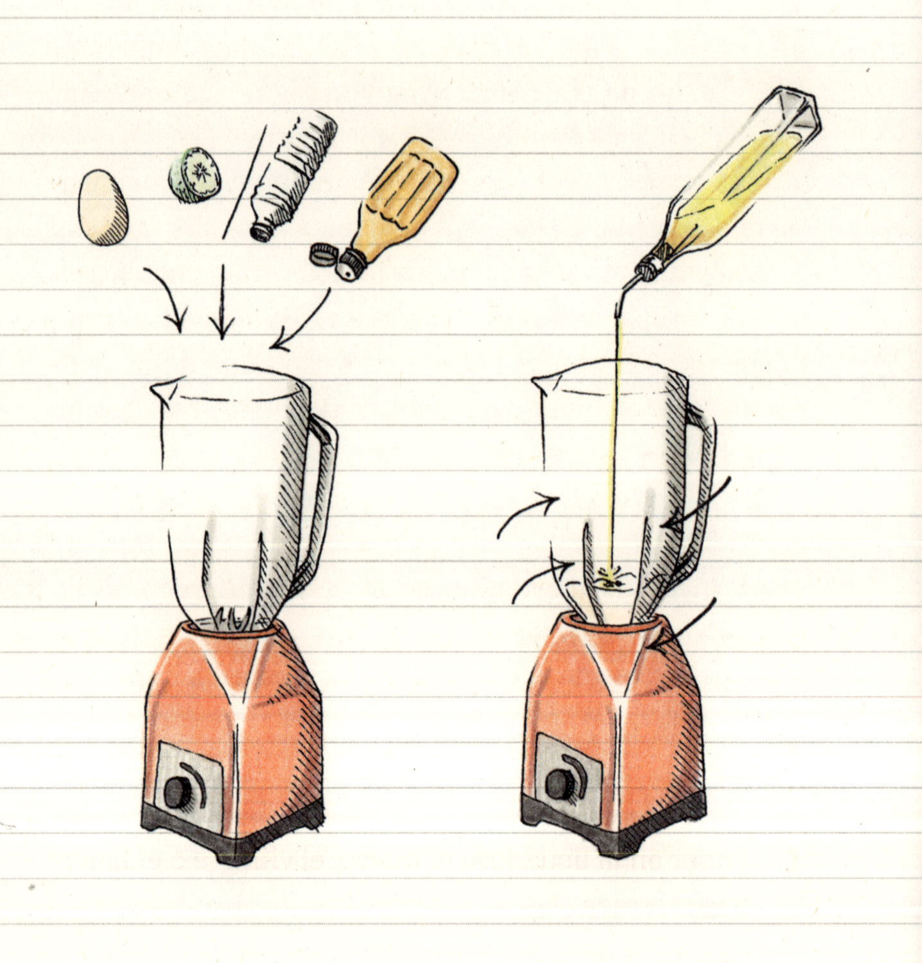

1. Mayonesa clásica

Utensilio:

Licuadora

Ingredientes:

- **1** huevo
- **15** ml de vinagre o limón
- **100** ml de aceite
- **3** gramos de mostaza
- Sal al gusto
- Pimienta al gusto

Preparación:

1. Poner en la licuadora el huevo, el vinagre o el limón y la mostaza.

2. Agregar el aceite en forma de hilo, licuando constantemente hasta lograr la consistencia deseada.
3. Bajar de la licuadora y agregar la sal y la pimienta.

Nota: la licuadora debe estar muy seca para que la mayonesa no se corte. También se puede hacer con batidor de globo de mano.

2. Salsa holandesa

Utensilios:

Batidor de globo de mano
Bol
Olla grande para el baño maría

Ingredientes:

2 yemas de huevo
2 cucharadas de agua
1 cucharada de jugo de limón
1/2 taza de ghee
Una pizca de sal
Una pizca de pimienta cayena o negra (opcional)

Preparación:

1. Derretir el ghee al baño maría.

Cocción:

1. En un bol agregar las yemas y el agua y batir. Llevar al baño maría sin dejar de batir para que no se cocinen las yemas.

Nota: es importante que cuando se pongan las yemas al baño maría, el fondo del recipiente no toque el agua caliente, para que se cocinen solo con el vapor.

2. Cuando se ven un poco más claras, se sacan y se adiciona el ghee tibio en forma de hilo sin dejar de batir. Se debe agregar muy despacio para que la salsa se emulsione y no se corte.
3. Cuando todo esté integrado, añadir el jugo de limón sin dejar de revolver.
4. Adicionar sal al gusto.
5. Retirar el bol del baño maría, rectificar la sal y, si se le quiere dar un toque de picante, se le puede poner una pizca de pimienta cayena o negra.
6. Servir caliente sobre huevos benedictinos, espárragos o pescado.

Nota: si la salsa está muy espesa, se le puede agregar un poco de agua tibia. No puede ser fría porque se corta.

3. Salsa napolitana

Utensilios:

Sartén antiadherente grande
Licuadora

Ingredientes:

- 3 tomates chontos
- 2 hojas de albahaca
- 5 tallos de albahaca
- 2 dientes de ajo
- Sal al gusto
- Pimienta al gusto
- 1 pizca de orégano
- Un chorro de aceite
- 1 cucharadita de azúcar

Preparación:

1. Quitarles la colita a los tomates.

Cocción:

1. Poner una sartén antiadherente a calentar para tatemar los tomates y los ajos sin aceite.
2. Ir girándolos y, cuando estén bien quemados, licuarlos por 5 minutos.

3. Activar las hojas de albahaca frotándolas entre las dos manos y agregarlas a la licuadora.
4. Agregar el orégano, la sal y la pimienta y licuar muy bien.
5. En la misma sartén, poner el aceite a calentar para freír la salsa. Se debe tener mucho cuidado, pues puede que salga un poco de fuego.
6. Agregar poco a poco la salsa y, cuando ya esté toda en la sartén, agregar el azúcar, 5 tallos de albahaca y dejar cocinar a fuego bajo por 15 minutos.
7. Rectificar la sal y añadir pimienta al gusto.
8. Cuando la salsa esté lista, sacar los tallos de albahaca y servir.

Nota: el aceite debe estar muy caliente antes de agregar la salsa a la sartén.

4. Salsa dinamita

Utensilio:

Bol

Ingredientes:

100 gramos de mayonesa
80 gramos de sriracha
4 palmitos de cangrejo
Sal al gusto
Pimienta al gusto
1 pizca de paprika

Cocción:

1. Cortar los palmitos en trozos de 2 cm y desmecharlos.
2. En un bol mezclar la mayonesa, los palmitos, la sriracha, la sal, la pimienta y la paprika.

Nota: esta salsa es ideal para acompañar camarones, ensaladas o sushi.

5. Salsa ponzu

Utensilio:

Olla mediana

Ingredientes:

100 ml de salsa de soya
30 ml de zumo de naranja
30 ml de zumo de pomelo
10 gramos de jengibre
15 gramos de azúcar
5 gramos de cebollín
2 pizcas de semillas de ajonjolí
5 ml de salsa de ostras

Preparación:

1. Picar el cebollín.

Cocción:

1. Calentar la soya y agregar los zumos.

2. Cuando estén bien calientes, sin dejarlos hervir, se agregan los demás ingredientes y se mezcla todo de golpe.
3. Revolver y dejar cocinar 2 minutos más.

Nota: esta salsa se puede utilizar para marinar (debe estar fría), como vinagreta de un poke o para acompañar gyosas o wontons.

Empieza tu recetario

Usa las siguientes páginas para darle rienda suelta a tu creatividad y escribir tus propias recetas o para modificar las que te compartí en este libro y darles tu toque personal. Con seguridad todo será delicioso. ¡Anímate!